AF267050

I 27
n
26305

SÉBASTIEN DE SEGUINS

UN VRAI GENTILHOMME

AMI DU PEUPLE

AU XVIᵉ SIÈCLE

SÉBASTIEN DE SEGUINS

SEIGNEUR DE LA ROQUE-SUR-PERNES

PAR

L'Abbé J.-M. TRICHAUD

MISSIONNAIRE APOSTOLIQUE

Moribus et vita nobilitatur homo.
Par les mœurs et la vie l'homme s'ennoblit.
LE GRAND CONDÉ.

MARSEILLE

MARIUS LEBON, LIBRAIRE

RUE PARADIS, 43

1872

DÉDICACE

A MONSIEUR LE MARQUIS DE SEGUINS-VASSIEUX

Hommage de ma profonde estime.

L'ABBÉ J.-M. TRICHAUD

Missionnaire apostolique.

Mazan (Vaucluse), 20 janvier, fête de saint Sébastien, 1872.

UN VRAI GENTILHOMME

AMI DU PEUPLE

AU XVIe SIÈCLE

SÉBASTIEN DE SEGUINS

CHEVALIER DE L'ÉPERON D'OR, COMTE PALATIN

CHEVALIER DE LA ROCHE-SUR-PERNES

COSEIGNEUR DE VÉNASQUE ET DE SAINT-DIDIER, DANS LE COMTÉ VENAISSIN

Moribus et vita nobilitatur homo.
Par les mœurs et la vie l'homme s'ennoblit.
LE GRAND CONDÉ.

I

Plusieurs souriront au titre de cet opuscule. D'autres en récuseront la justesse. Tant l'opinion publique est pervertie dans notre siècle! Aujourd'hui affirmer qu'un homme noble des temps passés s'est occupé généreusement des intérêts sociaux et surtout des affaires du pauvre peuple, c'est proférer un blasphème impardonnable. Volontiers on vous jetterait le boue au visage si vous osiez produire une pareille assertion en face de certains populaciers vaniteux, libéraux à leur profit et rêveurs d'omnipotence pour leur propre compte, qui se plaisent à propager l'erreur inqualifiable : Que peut-il venir de bon *de cette caste privilégiée de la noblesse?* Sans doute des membres trop nombreux de cette caste privilégiée ont abusé de leur influence et de leur position. Mais il me semble que le peuple n'a pas mal contre-balancé ces exactions condamnables et abusé lui aussi de sa puissance aux jours néfastes de la Révolution, en 1792, 1830, 1848 et 1871. Aussi le grand poète italien Alfieri, désabusé, disait-il avec amertume : « Les petits à l'œuvre me raccommodent avec les grands. »

Soyons francs et justes ; toutes les classes de la société ont des taches indélébiles. Pour établir la prépondérance des unes sur les autres, des milliers d'années ne suffiraient pas à cette rude statistique ; mais avec un peu de bonne volonté, de sens droit et après connaissance de cause, qui ne s'élèverait pas contre ce parti-pris lamentable déniant obstinément toute œuvre de bien à la noblesse?

On l'a proclamé avec raison, *Gesta Dei per Francos :* par les Franks les œuvres de Dieu se sont accomplies. Qui les a conduits ces Franks indomptables sur le chemin de la gloire et de la vertu? (1) Qui les a ins-

---

(1) Témoins de Charette, de Cathelineau, de Sonis, etc., et toute cette phalange de nobles zouaves pontificaux, pendant la désastreuse guerre de 1870.

truits? Qui leur enseigna le désintéressement et l'abnégation? Qui enfin les défendit à outrance contre la meurtrière invasion de toutes les misères, en créant des établissements de bienfaisance dont le nombre fut incalculable? Les nobles et toujours les nobles.

Entrez dans ces paisibles asiles où les infirmités humaines trouvent soulagement et guérison. Voyez! les murs sont surchargés de vieilles armoiries. Une salle immense est décorée des portraits de ceux qui contribuèrent à leur fondation ou à leur maintien. Ce sont de saints prélats, des dames pieuses, de vaillants capitaines, des magistrats honorables, de simples citoyens, tous de haute naissance, qu'une louable émulation poussa à rendre Dieu héritier d'une portion, sinon de la totalité de leur fortune, dans la personne des malades, des indigents, des veuves et des orphelins. Lorsque des fléaux destructeurs étendront leurs ravages sur des populations consternées, vous les trouverez, ces illustres fils des croisés, au chevet des mourants qu'ils consolent et qu'ils enseveliront bientôt avec un dévouement égal à leur courage.

Sébastien de Seguins fut un de ces généreux bienfaiteurs du peuple, vrai gentilhomme par l'esprit et par le cœur. Il le défendit énergiquement les armes à la main et revendiqua ses droits imprescriptibles avec un remarquable talent oratoire. L'histoire et la littérature se disputent son nom, tandis que la patrie reconnaissante grave sur la plupart de ses monuments religieux et profanes son blason rehaussé de ces deux sublimes devises : *Sola salus servire Deo*, le seul moyen de salut est de servir Dieu ; *Tendit ad sidera virtus*, la vertu s'élève vers les cieux (1).

En ces mots expressifs se résument les traditions séculaires de la famille de Seguins. Longue est l'énumération de ses services, et la grandeur de ses alliances brille d'un éclat particulier depuis son origine jusqu'à nos jours, de 1505 à 1872.

(1) Ces armes sont d'azur à la colombe huppée essorante d'argent accompagnée de sept étoiles d'or, quatre rangées en trois points ; casque ou couronne de marquis ; supports, deux hercules. Ces armes se voyaient dans une des salles du château de Fontainebleau, sous Louis XVI, parmi celles des familles alliées à la Maison de Navarre à l'occasion du mariage contracté en 1270 entre Guillaume Seguins, seigneur de Rion en Guienne, et Marthe d'Albret, fille d'Amnieu VI, douzième aïeul d'Henri IV.

II

Lorsque Sébastien naquit, en 1537, cimentant le
premier l'union du seigneur de Beaumettes, Gabriel
de Seguins, veuf déjà deux fois, et de Marguerite de
la Salle, son berceau reçut le reflet de la triple auréole
de la noblesse, de l'honneur et de l'estime universelle
qui environnaient sa famille. Son père, procureur-
général du pape, et son frère aîné, Jean de Seguins (1),
pourvu de la même charge après Gabriel, jouissaient
d'une grande considération dans leur province et à la
Cour de Rome. Avec de tels modèles, une nature grave
devait inévitablement se développer dans toute sa force
et sa beauté. L'enfant, quelque léger qu'il soit, ne
résiste guère à l'entraînement de l'exemple. Mais lorsque l'attrait y joint sa coopération, l'ardeur ne tarde

(1) Auteur de la branche des Seguins qui a possédé les seigneu-
ries de Saint-Roman, Saint-Jean, Saint-Sauveur et Vassieux, les
coseigneuries de Vénasque et de Saint-Didier, aujourd'hui branche
aînée toujours établie à Carpentras, ayant eu aussi un établissement
à Avignon où ses membres exercèrent les charges de primicier de
l'Université et de viguier.

pas à centupler le succès. Ainsi en fut-il du jeune Sébastien.

Les habiles professeurs dont l'illustre cardinal Sadolet avait doté sa ville épiscopale (1) comprirent vite la riche mine qu'ils avaient à exploiter en lui. L'enfant répondit à leurs soins intelligents avec une constance remarquable.

Le vrai mérite de l'instituteur est dans la connaissance du caractère et des instincts naturels de son élève. Lorsqu'il en a saisi les inclinations et qu'il sait les diriger adroitement vers le même but, l'irradiation étonnante des facultés intellectuelles se produit spontanément. Tel s'est traîné de classe en classe, réputé incapable, et a terminé ses études scolaires sans aucun profit, qui serait devenu savant distingué si la perspicacité d'un maître exercé ne lui avait pas manqué.

Outre ce bienfait d'être apprécié intimement Sébastien en rencontra un autre dans le mode d'éducation de cette époque. Alors l'enfant ne quittait pas entièrement le foyer domestique ; l'externat prévalait en tous lieux ; le pensionnat était presque inconnu. A certaines heures de la journée, les portes du collége s'ouvraient pour recevoir les écoliers qui, la leçon entendue, revenaient dans leurs maisons pour travailler aux devoirs fixés et s'appliquer aux études prescrites. Les liens de famille ne se rompaient pas. Le cœur de l'enfant en contact permanent avec celui de ses parents, s'y re-

____

(1) On peut résumer l'éloge de ce prince de l'Église dans cette phrase de Scaliger : *Solus junxit cum Cicerone Deum.*

trempait avec délices dans une affection toujours croissante, en y puisant à longs traits le bonheur de la vie.

Aujourd'hui le père et la mère envoient leurs fils et leurs filles le plus loin possible, car l'instruction semble croître à raison de la distance. Cette séparation est un désastre pour la famille qui se disloque de toutes parts. Quoi d'étonnant? Les membres qui la composent, se voyant à de rares intervalles, se désunissent insensiblement sans éprouver aucun regret. Puis un oubli fâcheux étend ses sombres voiles, et presque l'on ne se connaît plus. Triste produit de nos systèmes émancipateurs!

III

Heureux fut Sébastien de Seguins de grandir au sein de ces influences fécondes qui conspirent toutes au développement de la douceur, de la force, de la tendresse et de la grandeur! Mélange admirable dont la composition délicate atteint jusqu'à la division de l'âme, pour en ruiner les tendances perverses et y semer les plus belles espérances de l'avenir! Térence, Virgile, Ovide, Cicéron, Horace, Tacite et César, les poëtes, les orateurs et les historiens de l'antiquité, éprouvèrent tour-à-tour ses lucides interprétations. Il en nourrissait assidument sa mémoire pour s'approprier leur tournure et leurs expressions. Son style a un cachet cicéronien fortement accentué à la façon de Tacite ou d'Horace, toujours émaillé de délicieuses citations bibliques. Il se prenait d'un vif amour pour les narrations de Tite-Live où les causes populaires étaient gravement engagées.

Dans les luttes classiques simulées des batailles célèbres dont la vogue alors était très-répandue, Sébas-

tien convoitait avec persistance le rôle des défenseurs
de la foule opprimée. Il dévoilait ainsi ses désirs
intimes du triomphe de la justice et préludait aux
grands combats dans lesquels ses loyales convictions
devaient cueillir tant de lauriers.

La littérature ne suffisait pas à ce futur avocat des
libertés méprisées ou discutées. Il lui fallait une nour-
riture intellectuelle plus propre à alimenter la gravité
de ses aspirations; c'est pourquoi ses efforts se tour-
nèrent vers la jurisprudence. On le vit avec une sorte
de frénésie feuilleter ces énormes in-folio de la doctrine
judiciaire, relégués à présent dans la poussière de nos
vieilles bibliothèques. A mesure qu'un commentaire
irréfragable le frappait, il le consignait par écrit afin
de l'appliquer à propos. Comprend-on cette laborieuse
investigation ?

En ce temps-là, mille franchises atténuaient la
législation générale en faveur de telles corporations ou
de certains individus. Souvent le jurisconsulte se
croyait en pleine application de la loi civile, tandis
qu'une exemption religieuse l'obligeait à changer ses
conclusions.

Le comté Venaissin dépendant des Souverains Pon-
tifes dont le sceptre est l'emblème de la condescen-
dance et de la bonté, fourmillait d'une multitude de
priviléges personnels ou communaux. Et, bien qu'il
n'y ait point de droit contre le droit, selon la parole de
Bossuet, cependant l'exception le suspend quelquefois
et par là le confirme. Un pareil état de choses provo-
quait des complications dont un légiste expérimenté

comme le devint Sébastien de Seguins avait seul le secret.

Fier d'un fils digne de lui, son père l'initia de bonne heure à ses travaux officiels. La charge élevée dont la confiance du Souverain Pontife l'avait revêtu le mêlait incessamment à tout ce qui tenait aux intérêts sacrés de la propriété la plus respectable de ce monde. Je veux, ô mon fils, lui disait-il, que la répartition des dîmes ne soit pas onéreuse pour les sujets. Collecteur des deniers de la sainte Eglise, je dois les exiger, mais ne jamais blesser personne. La redevance est assez pénible, sans en augmenter le poids par une insolente dureté. Soyons patients et sachons attendre, comme l'ordonne Notre Très-Saint-Père, lorsque ces rentes fondées sur des propriétés qui n'ont pas même payé les labeurs, ne nous sont pas comptées. Si de justes réclamations nous sont adressées, accueillons-les favorablement.

Ces sages recommandations trouvaient facilement écho dans l'âme compatissante de Sébastien de Seguins. Il les méditait avec fruit en poursuivant l'étude des lois, lorsque soudain il dut saisir l'épée pour défendre sa patrie.

Le féroce baron des Adrets, déjà maître d'une partie du comté Venaissin, approchait avec sa horde de ravageurs sanguinaires. Attaquer Carpentras lui affirmaient plusieurs bandits de cette ville, est une risée. Vous n'avez qu'à vous montrer pour la conquérir. Les habitants sont des poltrons qui n'oseront pas résister.

Mais l'illusion se dissipa promptement. Par précaution, l'eau du grand acqueduc fut détournée, tandis qu'on jeta dans la rivière du sable rouge et des immondices afin d'en altérer la limpidité et priver les ennemis d'une ressource indispensable.

Sous les ordres de Foulques de Tholon de Saint-Galle, commandant de la place, sept compagnies de volontaires dont les capitaines appartenaient aux meilleures familles soutinrent bravement le siége soit du haut des remparts, soit par des sorties meurtrières habilement exécutées. Une des principales portes de la ville fut livrée à la garde de Sébastien de Seguins que l'annaliste contemporain qualifie d'intrépide (1).

L'exaspération du fier baron des Adrets qui ne s'attendait pas à cette héroïque résistance n'eut plus de bornes, lorsqu'un boulet adroitement lancé vint labourer sa tente et faillit le tuer. Transporté de rage, il se tourne vers les traîtres en s'écriant : Gens de Carpentras, ce sont là les clefs que vous m'aviez promises (2) ! Après cinq jours d'inutiles efforts dans la nuit du 3 au 4 août 1562, il s'éloigna plein de fureur. Poursuivi à outrance par les Carpentrassiens, tous devenus soldats, il subit des pertes considérables d'armes et de bagages, et perdit un grand nombre de ses soldats.

Après avoir ainsi payé le tribut à son pays, pendant que deux de ses frères combattaient dans les armées catholiques du roi de France, Sébastien de Seguins reprit ses investigations de jurisprudence en aidant

(1) *Provence illustrée,* par Morel, t. 2, p. 114.
(2) *Notice historique sur la ville de Carpentras,* par Charles Cottier, p. 89.

son vertueux père dans ses fonctions de procureur
général du Pape. Il se plaisait à imiter sa mansuétude
et son intégrité, mais aussi sa justice inexorable.
Lorsqu'un pauvre plébéien se plaignait des vexations
des employés subalternes, il ne savait retenir un blâme.
Ceux-ci le redoutaient si fort lui et son père qu'ils en
vinrent à traduire leur sentiments en ce proverbe
devenu historique : *De la main et de l'autorité des
Seguins délivrez-nous Seigneur !* De manu et auto-
ritate Seguinorum libera nos Domine !

Souvent la méprisante injure siffle comme un ser-
pent cruel contre les potentats dont les commis de
toute espèce déploient un zèle intempestif. Ah !
s'écriaient nos ancêtres, si le roi savait ! Malheureusement les rois ne savent pas tout. Cette ignorance
de nos plaintes et de nos souffrances est la cause des
désordres politiques modernes. Il n'y a pas assez de
communications entre les gouvernants et les gouver-
nés. Nos députés au Corps législatif, étant en grande
majorité, étrangers au pays qu'ils représentent ou bien
vivant hors de la sphère populaire, sont incapables de
saisir nos malaises et d'y porter un remède réel.

En 1569, à trente-deux ans, Sébastien de Seguins
fut jugé apte à remplir cet important mandat, non
dans une assemblée représentative, mais au sein même
de sa ville natale par la dignité consulaire (1). Plus

____

(1) A Carpentras, les fonctions consulaires étaient annuelles. Les
consuls étaient au nombre de trois. Le premier rang était réservé
aux docteurs en droit; le second, aux gentilshommes; le troisième,
à la bourgeoisie.

que le maire de notre temps spirituellement appelé un sous sous-préfet, le consul gérait formellement les affaires municipales, sans entraves et sans contrôle. Sa droiture et sa conscience, comme deux flambeaux lumineux, et le conseil de ses collègues le guidaient à travers ce dédale administratif dans lequel, la réputation d'un homme se heurte contre des embarras sans nombre, s'y déchire entre la haie épineuse des susceptibilités jalouses et souvent y succombe sous le poids de la flétrissure et du mépris.

Outre la peine, la responsabilité n'est pas moins accablante. Une décision erronée d'un pouvoir personnel engendre des malheurs irréparables.

Le jeune consul voulut rendre certaine en sa personne la belle affirmation de S. Grégoire-le-Grand ; *un gouverneur ne doit être que le chef d'hommes libres* (1). On le voyait, chaque jour, parcourant les rues de la cité pour surveiller la voirie et les ventes des denrées alimentaires. Chacun pouvait alors lui communiquer ses observations et l'entretenir longuement de ses besoins. Lorsqu'une contestation se produisait, il mandait les compétiteurs à son tribunal, pondérait sagement leurs droits respectifs, et après en avoir délibéré avec ses deux collègues, rendait son jugement. Cette popularité lui conquit la confiance de ses administrés qui s'enorgueillissaient de lui avoir remis leurs intérêts.

---

(1) S. Grég., pp., cap. X, epist. 51.

J'ai vu de mes yeux ce spectacle intéressant au mois d'octobre 1847. Je me rendais à Rome pour y terminer mes études théologiques en compagnie de quelques ecclésiastiques. Dans les rues de Livourne, nous rencontrâmes un homme de bonne mine et d'une allure distinguée qui nous salua très-respectueusement, et à notre rabat nous reconnaissant comme prêtres français, nous demanda en un accent presque parisien si Livourne nous plaisait. — « Beaucoup, monsieur, lui répondîmes-nous, c'est une ville charmante. » — « Ah ! tant mieux, s'écria-t-il, cela me fait bien plaisir ! » Nous saluant de nouveau avec une gracieuse amabilité, il s'éloigna lentement s'arrêtant çà et là, soit avec les passants, soit sur le seuil des magasins. — « Quel est ce monsieur, dîmes-nous à un marchand auquel il avait adressé la parole ? — « C'est notre grand-duc de Toscane. Chaque matin il se promène ainsi sans façon au milieu de ses sujets pour s'enquérir de leurs désirs. » Malheureusement, cette sollicitude paternelle a été payée par la plus noire ingratitude, puisque ce bon prince fut détrôné quelque temps après, et qu'il est mort en exil à Rome, au mois de mars 1870.

VII

Le même sort ne fut pas réservé à Sébastien de
Seguins. A cette époque, il est vrai, les peuples
n'avaient pas été pris du vertige de l'opposition systé-
matique et permanente dont certains idéologues ambi-
tieux leur ont innoculé le venin empoisonné. Ce n'était
pas dans la rue à coups de pierres ou de fusils que les
remontrances se manifestaient. On s'assemblait paisi-
blement et on délibérait avec calme. La discussion
pouvait s'échauffer quelquefois; mais, sous l'empire de
la préoccupation du bien public, elle ne tardait pas à
reprendre sa gravité habituelle.

Car, dans le comté Venaissin, l'action politique n'était
pas exclusivement exercée par les dépositaires de l'autorité souveraine. *C'était un pays d'État*, dit l'habile
jurisconsulte, M. Victor Faudon, de Carpentras, et la
représentation nationale y avait reçu une organisation
particulière dont la plus haute expression était l'assemblée des États généraux. Ils étaient, comme en France,
divisés en trois ordres : le clergé, la noblesse et le tiers-

état. On ne la convoquait qu'à des intervalles régu-
liers. Leur existence cesse en 1594, probablement parce
qu'ils prirent une attitude embarrassante vis-à-vis du
pouvoir, dans cette dernière session. Dès ce moment,
le parlement annuel seul fonctionna, tel que l'avait
constitué Grégoire XI en 1376, peu de jours avant son
départ pour Rome. Ce parlement, appelé l'assemblée
générale des États, se composait des trois évêques de la
province, du premier et du second consul de Carpentras, des premiers consuls des villes les plus importantes et enfin de six membres des corps consulaires
choisis dans chacune des trois judicatures. Toutes les
fois que des nécessités particulières le commandaient,
il y avait une convocation de l'assemblée dite ordinaire
dans laquelle n'entraient avec l'élu de la noblesse que
l'évêque et les deux premiers consuls de la ville chef-
lieu. La représentation nationale du pays se réunissait
dans la grande salle où se tiennent aujourd'hui les
assises du département de Vaucluse (1).

(1) Voir : *Essai sur les Institutions judiciaires, politiques et municipales d'Avignon et du comté Venaissin, sous les papes*, par M. Victor
Faudon, substitut du procureur général, 1867, et *Histoire politique
de la monarchie pontificale au XIVe siècle*, par l'abbé André de Vaucluse. — En 1713, les archives des Etats furent détruites par un
incendie. Le sommaire seul de ses délibérations fut sauvé. Ce manus-
crit d'un haut intérêt embrasse la période de 1400 à 1700. M. le marquis de Seguins-Vassieux en possède un exemplaire. — Il est bon de
noter que les élections aux Etats étaient à deux degrés. Les chefs de
famille majeurs de vingt-cinq ans, vivants de leurs revenus, de leur
industrie et de leur travail, étaient électeurs et éligibles. Les femmes
veuves ou non mariées jouissaient du droit électoral et l'exerçaient
par procureur. Les mineurs et les femmes possédant fief avaient le
même droit aux élections des Etats généraux de France, ainsi que le
prouve l'ordonnance royale du 24 janvier 1789, art. 20.

C'est au sein de ces assemblées que notre noble consul déployait avec ardeur ses opinions libérales envers
le peuple : « Le peuple, disait-il, est toujours la bête
« de somme. Le sort humain le destine à porter le bât.
« *Etiam ad clitellas deferendas sorte humana desti-*
« *natus.* Pourquoi faut-il le voir accablé plus que les
« deux autres ordres, lorsqu'il s'agit de contribuer aux
« charges extraordinaires de l'État? Est-ce parce qu'il
« est plus nombreux? Mais ici la quantité ne fait pas
« la qualité, puisque chaque individu de cette vile
« multitude, comme on parle injurieusement, vit et
« meurt aux mains de la misère, lutte constamment
« par un travail pénible avec les nécessités indispen-
« sables de l'existence humaine, quelque simple qu'elle
« soit. Je m'incline avec respect devant ces humbles
« créatures placées par la destinée au dessous de moi,
« mais qui rachètent leur abaissement social à l'aide
« de la vertu et de la peine. Que deviendrions-nous,
« nous qui nous vantons de notre position plus élevée,
« sans le secours du peuple? Nos terres incultes ne
« produiraient rien. Nous ne sommes pas au temps où
« les Cincinnatus labouraient les champs. Eh ! en tout
« cas, combien comptez-vous de dictateurs se livrant
« au rude maniement de la charrue? Qui confectionne
« notre linge et notre drap? Qui sème notre blé, le
« cultive, le recueille? Qui nous fournit enfin toutes
« les choses nécessaires? Le peuple, le peuple ! »

VIII

C'étaient les tailles dont le clergé et la noblesse prétendaient s'exonérer pour en charger le tiers-état, qui inspiraient ces admirables appréciations. Les tailles furent un impôt accidentel, créé pendant les guerres intestines des quatorzième, quinzième et seizième siècles, car, en temps ordinaire, les comtadins ne payaient pas une obole à leur souverain. La capitation et autres redevances établies dans la monarchie française leur étaient inconnues, ce qui faisait écrire à Peruzzis : *Sa Sainteté ne tire rien du pays ni moins d'Avignon.*

Seuls les revenus des biens domaniaux, s'élevant à 100,000 livres, étaient perçus par le trésorier du Saint-Siége qui devait les appliquer au soulagement et au bien-être des habitants du comté. Ainsi l'avait statué Grégoire XI, en 1376. Dès lors l'entretien de la justice, de la police et des autres éléments incombait au pape qui y pourvoyait par des fonds envoyés d'Italie.

Après l'égale répartition des tailles le droit de chasse fut un nouveau sujet sur lequel s'exercèrent la science et la verve de notre infatigable défenseur des libertés populaires.

Certains seigneurs s'obstinaient à repousser de leurs terres les chasseurs qui venaient y passer quelques heures de plaisir. Peut-être voulaient-ils s'assimiler aux seigneurs français, leurs voisins, favorisés à cet égard d'un privilége féodal sacrifié comme tant d'autres sur l'autel de la patrie dans la fameuse nuit du 4 août 1789? Ils oubliaient que tous les sujets pontificaux du comté Venaissin, sans exception, pouvaient librement parcourir le territoire entier à la poursuite du gibier. Sébastien de Seguins leur rappelait que ce droit était positif, hors de contestation, et que Léon **X** l'avait solennellement confirmé par sa bulle du 22 mai 1519 (1).

« Vous voulez donc, s'écriait-il dans son langage
« énergique, priver le peuple d'un délassement tandis
« que vous prétendez l'obliger à des impôts onéreux?
« Si vous êtes seigneurs, rendez-en grâce au Seigneur
« des seigneurs, et sachez que cette haute qualité im-
« plique avec elle le respect du droit des inférieurs.
« Dieu ne se permettrait jamais de ravir aux hommes
« le libre arbitre dont il les a dotés, parce qu'à l'ins-
« tant il deviendrait un maître barbare, il ne serait
« plus Dieu. »

Ce plaidoyer obtint complet gain de cause. Personne n'osa plus remettre la question en litige.

---

(1) Cette bulle se trouve dans le recueil des *Statuts du comté Venaissin*, à l'art. 248. Plus tard le droit de chasse fut réglementé, en 1594, par les États provinciaux et, en 1635, par une ordonnance du vice-légat, ainsi qu'on peut le voir dans les *Règlements des légats et vice-légats*, p. 106.

IX

Est-il étonnant que le tiers-état reconnaissant choisit Sébastien pour son délégué auprès du Souverain-Pontife? Certes il ne pouvait livrer ses intérêts à un dévoûment plus sûr et plus habile. Mais ceux qui lui disputaient ses franchises et ses droits avaient travaillé à Rome pour les lui ravir complètement. Ils étaient parvenus à persuader au pape l'obligation, pour le peuple, de payer la sixième partie des tailles imposées. Ainsi nous l'apprend Sébastien lui-même, par la lettre suivante qu'il écrivit de la capitale du monde chrétien à ses deux collègues les consuls de Carpentras (1).

« Messieurs mes compagnons, vous seres advertis
« par les lettres que j'escris à Messieurs les esleus, du
« discours de mon voyage et de mon arrivée en ceste
« ville, ce qui me gardera de vous en faire propos,
« pour n'user de redittes, seulement vous advertiray
« que Monsieur de Sobiras, après que nous avons eu

(1) Hélie de Raphelis et Pierre d'Inguimbert, deuxième et troisième consuls.

« conféré ensemble, m'a adverty *que les messieurs*
« *du pays nos entraves nous chaussent fort vive-*
« *ment les esperons et prettandent obtenir pour*
« *provisionnelle que nous soyons contraincts en*
« *suivant l'ancienne coustume de payer le sixain,*
« laquelle ils vulent preuver et par mesme moyen
« obtenir letres remissionales pour faire leur en-
« quaiste. En oultre on s'est accordé de commissaire
« aynsin qu'entandre plus particulièrement par ledit
« sieur de Sobiras, à la suffisance duquel ne voulant
« déroger m'en remettray entièrement à ce qu'il vous
« en escript. Celle icy sera seulement pour vous aiguil-
« lonner et exhorter de donner ordre, en toute dili-
« gence de retrouver ses procures, si voulons éviter une
« trousse. Ayant esté ledit sieur de Sobiras bien étonné
« que ne les aye portées. Et voulant croyre que ne
« vous y épargneres, finiray la présente par mes plus
« affectionnées recommandations à votre bonne grâce,
« et prie Notre-Seigneur vous donner, Messieurs,
« longue et heureuse vie.

« De Rome, ce 21 novembre 1573.

« Votre plus affectionné compagnon et cordial amy
« à vous servir.

« Sébastien SEGUIN, consul (1). »

(1) Sébastien de Seguins signe cette lettre dont l'original est là
sous nos yeux, *Sébastien Seguin;* et cependant le discours de Pérussis,
imprimé à Avignon, en 1563, porte ainsi son nom : *De Seguins.* Plus
tard, lorsqu'il eut fait appeler la Roche sur Pernes, dont il était
seigneur, la *Roche des Seguins,* il signa de ce nom de fief.

Par ces mots, *nous soyons contraincts*, le digne ami du peuple s'identifie avec ceux dont il est le représentant. Aussi n'épargne-t-il aucune peine, aucune démarche pour éviter une pareille exaction. Il visite successivement les membres du sacré collége dont l'influence dans les affaires était plus avérée, pour leur inculquer ses convictions et ruiner en leur esprit les idées erronées que les partisans du clergé et de la noblesse y avait déposées. Pendant six mois il courut de palais en palais, présenta requête sur requête à la chambre apostolique, obtint des audiences du Souverain Pontife, enfin gagna la victoire et revint au mois d'avril 1574 chargé d'honneurs pour lui et pour les siens. Grégoire XIII le nomma comte palatin et lui donna deux titres de chevalier pour ses deux frères.

Au seizième siècle, la dignité de comte palatin était une des plus considérables de la chrétienté et bien supérieure à celle de chevalier qui ne s'obtenait elle-même qu'à la considération d'une très-haute noblesse et à raison de services signalés. Dans la recherche des diplômes nobiliaires, en 1667, celui-ci fut regardé comme primordial. Ordinairement un comte palatin était chevalier de l'ordre du Pape. Ces chevaliers composaient la *milice dorée* et se qualifiaient en latin, d'*Equites aurati*. Constantin, dit-on, créa cet ordre en mémoire de son triomphe sur le tyran Maxence. On l'appelait aussi l'ordre de l'Eperon d'Or. La réception se faisait en grande pompe, après la messe solennelle, par un cardinal ou par un légat qui remettait au récipiendaire un anneau d'or et une chaîne du même métal qui se suspendait au cou et supportait une large médaille offrant d'un côté la sainte face de Notre-Seigneur Jésus-Christ et de l'autre celles des apôtres saint Pierre et saint Paul (1).

Veut-on savoir les principales obligations imposées au nouveau chevalier agenouillé dans le sanctuaire? Tandis que le président de la cérémonie du haut des marches de l'autel lui tendait l'épée bénie et les autres insignes, un clerc lisait à haute voix : « Rappelez-vous « que tout homme de noble race avant d'être agrégé à « cette compagnie doit être adjuré du serment : 1° de « vénérer et de servir Dieu religieusement, de com-« battre pour la foi ; et de mourir plutôt mille morts « que de renoncer à la loi de Jésus-Christ ; 2° de « servir fidèlement son légitime seigneur et de com-« battre pour sa patrie très-valeureusement ; 3° de « soutenir le bon droit des plus faibles, comme des « veuves, des orphelins, des demoiselles en bonne que-« relle ; 4° qu'il n'offenserait jamais personne malicieu-« sement et n'usurperait le bien d'autrui, mais plutôt « il combattrait contre ceux qui commettraient ce « crime ; que l'avarice, la récompense, le gain, ni le « profit, ne l'obligeront à faire aucune action, mais la « seule gloire et vertu. »

Quelles promesses plus dignes d'un honnête homme! Les divins enseignements de l'Evangile, les délicatesses

____

(1) Le catalogue 24° de la librairie Shiesinger du mois de juin 1869, annonçait sous le n° 2560, un in-4° fort rare intitulé : *Breve notizia historica de l'ordine de cavalieri* aurati *ò sia delle sprone d'oro racolta da Bergamaschi. Torino 1695.*

de l'honneur et les charmes de la gloire ne sont-ils pas inclus dans ces engagements chevaleresques.

Et voilà ces intitutions respectables si méprisées de notre siècle et traitées par lui d'inutiles vieilleries ! Cependant jamais fièvre ardente d'appartenir à quelque ordre de création moderne n'a plus surexcité l'orgueil humain. La Légion d'honneur, la Medjidiè, le Nichan, l'Aigle de diverses couleurs, le Faucon blanc, l'Etoile polaire, le Chardon, la Jarretière, le Lion et le Soleil, etc... voire même l'ordre de l'Eléphant de l'Inde ont des prétendants innombrables. A combien de sollicitations importunes et fatigantes ne se livre-t-on pas pour en obtenir les décorations de toutes nuances ? Les refus humiliants, les démarches pénibles ne peuvent arrêter ce désir violent. Pour le satisfaire, que de moyens mis en jeu ? Chimériques inventions de services rendus à la société, exploits prétendus héroïques, actions faussement éclatantes, que sais-je ? La hardiesse va jusqu'à la vanterie d'avoir dignement rempli pendant de longues années des fonctions largement rétribuées.

Notre nouveau comte palatin fut accueilli avec des transports d'allégresse et de reconnaissance par les bonnes populations dont il avait été le représentant fidèle et généreux. Tous l'acclamaient comme un sauveur et le proclamaient l'ami par excellence. Ravis furent les siens de le revoir récompensé de ses labeurs désintéressés. Sa maison était devenue nombreuse depuis qu'il avait épousé la noble veuve Magdeleine de Grignan, fille de Jean de Grignan et de

Françoise des Achards, qui lui avait amené plusieurs enfants de son premier mari, Pierre de Rafélis, conseiller maître à la cour des comptes de Montpellier. Ces enfants, Sébastien de Seguins les aimait tendrement et veillait sur eux avec une sollicitude paternelle (1).

Mais sa passion pour l'émancipation du Tiers-Etat l'emportait sur toutes les autres préoccupations. Il voulait absolument élever le peuple, disait-il, à la dignité dont le sang d'un *Dieu rédempteur lui a conquis la possession*. Sa désolation était vive à la vue des massacres effrayants commis alors par les catholiques et par les huguenots. Une fureur indescriptible animait les deux partis. On s'entr'égorgeait avec des raffinements de cruauté que le génie sanguinaire des Néron et de Caligula n'avait pas soupçonnés. L'histoire contemporaine nous a transmis ces horreurs pour nous convaincre de la nécessité de cette fraternité universelle qui ne peut se former et se cimenter qu'en la connaissance de Jésus-Christ et en l'union de son amour.

---

(1) La famille de Rafélis est connue sous les titres de marquis de Rafélis Saint-Sauveur et Rafélis-Soissans. Une des filles de Magdeleine de Grignan fut mariée en 1576 avec François de Seguins, frère puîné de Sébastien.

X

Sébastien travailla courageusement à étouffer ces dissensions épouvantables et parvint enfin, avec l'aide de quelques hommes dévoués, à conclure une pacification sérieuse par le traité de Nimes du 8 novembre 1578.

Ce traité, rédigé après mûr examen en quarante-deux articles, fut d'abord approuvé par le roi de France Henri III qui accorda une amnistie générale aux rebelles. Liotard, secrétaire du maréchal de Retz, avait été chargé de la soumettre à son application, tandis que François de Sobiras avec le sieur de Velleron, Thomas d'Astoaud, se rendirent à Rome, au nom des Etats de la Province, pour en obtenir la ratification de la part du Souverain-Pontife. Le 7 février 1579, Grégoire XIII le confirma par un bref qui en résume les clauses principales. Il déclare les hérétiques inhabiles à jouir de leurs propriétés situées dans le comté Venaissin, si ce n'est par des procureurs catholiques, et leur défend d'y acquérir de nouveaux im-

meubles à moins de les recevoir en héritage. De plus,
il ne leur permet d'y séjourner que pendant trois jours,
et munis d'un sauf-conduit.

Le P. Justin, historien des guerres de religion du
comté Venaissin, Fantoni et Pilhon-Curt, ont rapporté
les incidents de cette paix si ardemment désirée. Dans
sa grande *Histoire de Languedoc*, rééditée en 1845
avec des commentaires et des documents nouveaux par
le chevalier Al. Du Mége, Dom Vaissete n'en dit pas
un mot. Ce silence n'est pas étonnant. Le célèbre bé-
nédictin n'a pas consulté les archives locales au sujet
de ces luttes intestines. Il s'est servi des ouvrages écrits
par les protestants et de là a été induit en erreur (1).

(1) L'annaliste toulousain Gaches, si partial et si souvent inexact,
Montagne et les manuscrits d'Aubays sont à peu près les seules auto-
rités invoquées par Dom Vaissete. Et, de même qu'il ne connais-
sait pas les recueils du président Doat, de même qu'il a négligé tout
ce qui est relatif à l'histoire municipale, il paraît avoir ignoré l'existence de tous ces documents, les annales manuscrites de l'hôtel-de-
ville de Toulouse, les chroniques d'Albi, de Narbonne, de Carcas-
sonne, de Nimes et de Montpellier. Lafaille, cet écrivain si négligent,
inspira souvent une confiance entière à ce bon religieux, qui ne re-
poussait pas même toujours le témoignage suspect de d'Aubigné
lui-même.

Note à la fin du IX° volume. Justin : *Histoire des guerres de religion dans le comtat Venaissin*, tom. II, p. 99 ; — et 241 Pilhon-Cart,
tom. III, p. 345. — Fantoni : *Istoria della citta d'Avignone del contado
Venesino*, etc. ad an. 1578.

XI

En 1579, Sébastien de Seguins fut appelé, pour la troisième fois, à la dignité consulaire par les suffrages de ses concitoyens Ce poste éminent convenait admirablement à son caractère actif et à sa propension de plus en plus irrésistible d'améliorer le sort du bon peuple, comme il disait ordinairement. Toute injustice le révoltait, même à l'égard d'un ennemi. Sentiment prescrit par la religion, mais que la nature, hélas! s'ingénie à étouffer de mille manières. Les articles deuxième et troisième du traité de Nimes, dont notre sage consul avait été l'un des instigateurs et l'un des signataires au nom du Saint-Siége, rendaient aux protestants leurs biens confisqués et même l'usufruit. Par une bulle spéciale, le pape avait ordonné la prompte réalisation de ces deux clauses, mais la restitution ne se faisait point.

« Depuis quand, s'écriait Sébastien, est-il permis
« de s'emparer du bien d'autrui et d'en user en toute
« propriété? Dans quel code avez-vous lu une dis-

« position aussi révoltante? Sans doute pendant la
« guerre, qui est une atrocité, chacun des occupants
« vainqueurs s'arroge le droit dévolu par la loi du plus
« fort, de s'installer momentanément sur les terres des
« autres. Mais la querelle une fois vidée, et surtout
« après un pacte solennellement souscrit par les deux
« batailleurs, l'ordre et la justice doivent réparer les
« exactions inévitablement inhérentes à tout conflit
« perturbateur. Nous avons promis à nos frères égarés
« les huguenots de leur restituer non seulement leurs
« immeubles, mais encore les revenus enlevés; nous
« devons remplir nos promesses, sous peine de faillir
« indignement à l'honneur et au serment religieux.
« Bien plus, Sa Sainteté Grégoire XIII, notre souve-
« rain, nous a enjoint l'exécution du traité et nous ne
« lui obéirions point! »

Quel beau langage et quels nobles mouvements de
l'âme il exprime! Aussi triompha-t-il de toute résistance et deux commissaires, Jean de Verot et Charles
de Patrès, reçurent de Rome la mission d'opérer sur-
le-champ l'exécution des conventions stipulées. C'était
le 3 mars 1579.

A cette date, Sébastien de Seguins était nommé
juge majeur, c'est-à-dire avocat général chargé de
l'instruction des affaires criminelles. A cette date aussi
les vicissitudes humaines vinrent lui apprendre que la
vie s'épure dans la souffrance où elle puise une nouvelle force et une imposante dignité.

XII

Le Souverain-Pontife lui avait inféodé la Roque ou la Roche-sur-Pernes, place frontière de la Provence qu'il avait protégée contre les incursions des protestants et qui dépendait de la chambre apostolique comme appartenant au domaine direct du pape, son seul seigneur. Il en fut investi avec pleine juridiction, par bref du 12 décembre 1575, et il en rendit hommage, le 16 mars 1576, entre les mains de François de Castellane, recteur du comté Venaissin, en présence de Charles de Pernes, coseigneur de Vénasque, et de François de Lopés, seigneur de Montmirail. Dès lors ce lieu fut appelé la Roche des Seguins ou de Seguins. Mais ayant été ensuite inféodé viagèrement à d'autres seigneurs, son ancien nom a repris faveur.

Malgré les services éminents rendus à sa patrie et au pays même dont il était créé seigneur, Sébastien se maintint difficilement dans sa possession. Des protestations énergiques s'élevèrent de la part des habitants ameutés contre lui, jaloux de leur position privilégiée de vassaux directs du Saint-Siége. Les États de la province s'associèrent à cette opposition ; mais le cardinal d'Armagnac, co-légat, demeura inébranlable. Ainsi s'exprimait ce prince de l'Église dans ses nouvelles lettres patentes du 11 octobre 1569 : « Noble et « égrège seigneur Sébastien de Seguins, nous avons « appris qu'à l'imitation de vos ancêtres comme de « Monsieur Gabriel de Seguins, votre père, qui, pen- « dant trente années et au delà, avec prudence, dili- « gence et équité, a rempli la charge d'avocat et pro- « cureur général pour le Saint-Siége et la légation du « comté Venaissin, la manière dont vous vous êtes « conduit à la Roche et à d'autres commissions pour « le Saint-Siége, pour la légation et ledit comté, lui « ayant été utile afin que cette place frontière soit « plus sûrement conservée au Saint-Siége pendant ces « tumultes de guerres et attroupements de religion- « naires, et parce qu'il nous plaît et à l'illustrissime et « révérendissime légat (le cardinal Charles de Bour- « bon), nous vous y cédons notre autorité pour huit « années, si ce n'est à l'égard du crime de lèse-majesté « divine et humaine, et ordonnons à tous justiciers et « officiers dudit comté de ladite légation, qu'au besoin « et à votre réquisition ils vous fournissent moyen, « secours et faveur (1). »

(1) A la cour du domaine, chambre apostolique, à Carpentras, livre coté A, fol. 457. — Extrait des preuves pour la maison des Isnards, article des alliances.

1er vol. des registres de la chambre apostolique A, p 458. — Collection de Tissot, tome III, biblioth. de Carpentras.

Le seigneur de la Roque-sur-Pernes se vengea de ces vexations inexplicables en comblant de bienfaits les manants de son fief. A part l'entretien de sa maison, tous ses revenus qui étaient considérables se partageaient à des œuvres sociales. Aucune misère n'arrivait à sa connaissance sans être soulagée immédiatement. Il remplissait à l'égard de tous l'office de juge et de père, et toujours sa décision était respectueusement acceptée. Son attention tombait en particulier sur les franchises municipales, dont il réprimait sévèrement la plus légère altération. Quand un contradicteur hautain contestait les immunités populaires, il savait détruire ses prétentions en groupant des preuves irréfragables puisées au vieux recueil des décrets et des lois. Je voudrais que nos démocrates modernes consultassent le *Sommaire des conclusions et délibérations prises par les trois Etats du comté Venaissin, depuis l'an 1400 jusqu'à 1700 inclusivement;* ils y verraient avec étonnement les sujets des Etats pontificaux de France dotés d'une liberté large, exempts de tutelle, agissant avec une indépendance vraiment républicaine. Et, fait encore plus surprenant, un noble, un comte palatin, un seigneur se posant hardiment irréconciliable ennemi de tous les attentats liberticides grands ou petits.

Veuf depuis dix ans et sans progéniture, Sébastien sentit le besoin de sortir de cet isolement toujours fâcheux pour un homme de sa trempe. Les joies de la famille lui étaient nécessaires au milieu des travaux sérieux et incessants auxquels il se livrait. Le 9 novembre 1584, il contracta une nouvelle union avec une jeune personne âgée de seize ans, Marguerite de Seytrès, fille de Louis de Seytrès, coseigneur de Caumont, chevalier des ordres du pape et du roi de France, et de Marguerite de Balbe Berton de Crillon, sœur du brave Crillon, qui devenait ainsi l'oncle de Sébastien (1).

Tout à coup l'interminable querelle des seigneurs et du clergé contre le Tiers-Etat se réveilla avec une extrême violence. Il fallut de nouveau exhumer les vieux dossiers, reproduire les preuves authentiques et démêler les arguments déjà cent fois redits. Tout cet attirail de conviction fut inutile. Restait le moyen de succès le plus sûr, le recours au souverain. Sébastien de Seguins devint encore le messager des doléances populaires auprès de Sixte Quint, dont il fut accueilli avec une délicate distinction, le 13 janvier 1586.

« Bienheureux Père, lui dit-il, après avoir été chargé
« par l'assemblée Venaissine de deux ambassades au-
« près du Saint-Siége, me voici pour la troisième fois
« délégué auprès de votre Béatitude par les comices
« publics du Tiers-Etat, afin de traiter de leurs affaires
« difficiles et urgentes. Si j'ai quitté ma patrie çà été
« toujours par dévouement et par charité pour offrir à
« mon excellent et grand prince les hommages qui lui
« sont dûs; mais aujourd'hui, poussé par une secrète et

---

(1) Du seigneur de Caumont sont descendus les ducs de Caumont à Avignon, éteints. Outre Marguerite, il avait encore plusieurs enfants, entr'autres Gilles, évêque de Toulon; Christophe, commandeur de Sainte-Lucie et bailli de Manosque, de l'ordre de Saint-Jean de Jérusalem, et Françoise, femme de l'historien Louis de Perussis.

« particulière espérance, espérance fortifiée par l'heu-
« reux succès de plusieurs ambassades, et tout récem-
« ment à cause de l'aliance de paix solide, dont j'ai été
« le promoteur, alliance aussi utile à notre province
« que digne du siége apostolique. C'est pourquoi, Bien-
« heureux Père, je suis fermement résolu de ne pas
« m'éloigner de votre douce présence, sans avoir obtenu
« largement tout ce que je sollicite en faveur de notre
« État chancelant et affaibli.

« Donc, Très-Saint-Père, j'accomplis maintenant le
« mandat qui m'a été confié en baisant très-humble-
« ment le pieds sacrés de Votre Sainteté, avec la plus
« grande vénération, au nom de votre province Venais-
« sine. Je vous félicite, un peu tard peut-être de votre
« soudaine élévation au suprême pontificat, salué avec
« tant d'enthousiasme par l'univers catholique; mais
« croyez, Très-Saint-Père, que mon cœur débor-
« dant d'allégresse supplie le divin dispensateur de
« tout bien de prolonger heureuse votre vie si chère.
« Je vous renouvelle l'inviolable fidélité et le respect
« constant du peuple Venaissin en les raffermissant
« par les liens les plus religieux du serment. J'ai la
« mission d'offrir aussi à Votre Sainteté de vives et
« immortelles actions de grâces, d'abord pour nous
« avoir conservé en les récompensant par des honneurs
« et des dignités, des légats pleins d'une prudente
« vigilance toujours prêts à nous défendre, à nous pro-
« téger et à nous soutenir avec une attention et un
« zèle manifestes; et ensuite pour les bienfaits précieux
« dont Elle n'a cessé de nous combler.

« Maintenant en quelques mots, Très-Saint-Père, je
« vais essayer de vous dépeindre la déplorable condi-
« tion de votre province. Le comté Venaissin très-éloi-
« gné du Saint-Siége est enserré, Votre Sainteté le sait
« parfaitement, entre trois vastes provinces françaises
« dévorées par la gangrène des hérésies et perpétuelle-
« ment enflammées du feu destructeur des guerres
« civiles ; tandis qu'il porte misérablement au milieu
« de ses entrailles la principauté d'Orange, sentine des
« hérétiques les plus malfaisants, comme un poison
« intérieur et pestilentiel. En outre, il dispose de fai-
« bles ressources, circonscrit qu'il est en d'étroites li-
« mites, comptant à peine quatre-vingts agglomérations
« situées, pour la plupart, en lieux arides et monta-
« gneux. Votre Sainteté n'ignore pas aussi que sa
« province est dépourvue presque entièrement de tout
« genre de commerce à cause de son étroitesse et de sa
« stérilité. Notre religion si pure, par la grâce de Dieu,
« excite beaucoup la jalousie de nos voisins. Mais ce
« qu'il y a de déplorable, c'est de voir le travail et
« l'industrie demeurer chez nous sans rémunération.
« De là, l'esprit de nos concitoyens fort apte à de belles
« entreprises, s'émousse et, en se corrompant par l'oisi-
« veté, tombe dans une torpeur fatale. Enfin, pendant
« vingt-cinq ans, les horreurs d'une guerre implacable
« nous ont cruellement agités. Le fer et le feu ont dé-
« truit plusieurs villes, ravagé les campagnes et fait
« périr d'innombrables victimes. Ce qui nous restait a
« servi au rachat des captifs. Pour subvenir à nos
« misères, nous avons été forcés d'emprunter deux

« cent mille écus d'or. Comment sortirons-nous de ce
« labyrinthe? Comment le Tiers-Etat parviendrait-il à
« soutenir ses dépenses pour l'entretien de la cavalerie
« légère auxquelles les deux autres ordres ne veulent
« pas contribuer? Car ce qui met le comble à nos mal-
« heurs, ce qui énerve et débilite surtout notre pro-
« vince, ce sont les perpétuelles et abominables disputes
« des trois ordres. Le Tiers-Etat de vos sujets est
« continuellement écrasé d'impôts. Nous avions obtenu
« de Grégoire XIII un bref qui semblait devoir clore
« ces discussions; mais de l'avis des légistes ce bref
« n'est pas admissible, parce qu'il oblige les deux pre-
« miers ordres à fournir seulement dix-sept mille écus.
« N'est-ce pas là, comme on dit, une mouche pour un
« éléphant, dans l'acquittement d'un dette si considéra-
« ble? En vérité, Bienheureux Père, ce troisième ordre,
« le dernier par sa position, fatigué, sans forces, se
« voyant impuissant à faire davantage a résolu avec
« les autres de ne pas accepter ce bref. Mais au moins
« il paie les intérêts, tandis que le clergé et la noblesse
« refusent de le faire pour leur part. Est-ce que nous
« ne formons pas un seul corps qui doit subsister
« par l'union de tous ses membres? Ne devons-nous
« pas tous contribuer à sa vie, suivant nos facultés et
« nos ressources? Certainement le Tiers-Etat est le
« plus nombreux des trois ordres, mais il en est le
« plus pauvre. Eh ! qui l'oblige à porter le fardeau des
« autres? Faudra-t-il le voir toujours frustré et suc-
« comber sous l'oppression? si cela arrivait, que devien-
« drait notre province? Nous sommes tous montés sur

« le même vaisseau et, par conséquent, nous devons
« tous nous défendre contre la tempête en réunissant
« nos efforts. Hercule, nous raconte-t-on, fut abandonné
« par les Argonautes avec lesquels il allait à la recher-
« che de la Toison d'Or, parce qu'il refusa de prendre
« part aux travaux nautiques sous le prétexte futile de
« sa grandeur et de sa supériorité. Ainsi nous arrive-
« t-il par l'amour aveugle de nous-même de refuser et
« d'accepter ce que nous désirons et nous recherchons,
« quoique poussés par une impérieuse nécessité.

« C'est pourquoi, Bienheureux Père, pour résoudre
« une si grande difficulté pareille au nœud gordien et
« appaiser éternellement cette controverse, le troisième
« ordre de vos sujets a pensé recourir promptement,
« en ma personne, *à votre oracle très saint et pres-*
« *que divin.* Car celui qui supporte le poids de la
« chaleur et du jour, se sentant prêt à succomber sous
« d'énormes fardeaux, ne trouve pas un refuge plus
« sûr. Nous supplions donc votre Béatitude d'obliger
« chacun des trois ordres à concourir pour sa part aux
« charges publiques en publiant un décret inviolable
« et formel. Ne souffrez pas, très-saint Père, qu'aucun
« des deux premiers, si dénués de commisération, ne
« pressure le dernier prosterné en moi à vos pieds
« sacrés. A peine pouvons-nous respirer, permettriez-
« vous qu'on nous assassine ! (1).

(1) Les amateurs de la belle littérature jugeront de la valeur de
ce discours par sa péroraison que voici : « *Nullatènus etiam dubitat
Beatitudo tua hos inviolatæ fidei subditos suos Sanctitatis tuæ et hujus
sedis apostolicæ beneficiorum numquam immemores futuros sed fidelis-*

Ce discours admirable, sous le rapport des pensées
et du style, dont nous avons traduit les parties les plus
saillantes, imprimé à Rome et dédié au cardinal Jérôme
Rusticucci (1), produisit une vive impression sur l'esprit si droit et si juste du grand pontife Sixte-Quint.
Non seulement il satisfit pleinement le vœu de l'éloquent député en faveur du Tiers-Etat, mais encore il
octroya toutes les autres concessions dont Sébastien
s'était fait le solliciteur empressé.

Par sa bulle du 23 mai 1586, le Pape confirme :
1° les priviléges accordés aux foires et aux marchés de
la ville de Carpentras ; 2° la faculté dont jouissaient
les consuls et les citoyens de cette ville de députer
deux juges des marchands ; 3° la juridiction privative
accordée aux consuls dans les causes minimes, dans
les causes de police et dans les causes des dommages
faits aux champs ; 4° l'inféodation du lieu de Serres à
la communauté de Carpentras.

Chacun de ces paragraphes commence par cette

simos et deditissimos eorum animos illi perpetuo consecraturos et con-
servaturos. Deum ad hoc præcari non intermissuros, ut hunc tam bonum
pium et religiosum moderatorem et navitam huic suæ Ecclesiæ maximis
turbinibus agitatæ diu multumque felicem et incolumen tueatur et con-
servet. Fidei autem christianæ dogmata ad Antipodas et incognitos
populos jam disseminata magis ac magis protendat hujusce que sanctis-
simæ sedis ditionem longe lateque nunc pervagatam ad universi orbis
fines protrahat atque producat. »

(1) Sebastiani de Seguinis Jur. utr. doct. equitis aurati et comitis
palatini domini de Rupe et condomini locorum Venascæ et sancti
Desiderii in comitatu Venaissino, apud sanctiss. Sixtum quintum
Pont. Max. legati Oratio habita, idibus Januarii M.D.LXXXVI
Romæ apud Alexandrum Gardanum et Franciscum Coattinum
M.D LXXXVI.

phrase significative : *Ainsi que nous l'a récemment exposé notre cher fils Sébastien de Seguins, spécialement envoyé auprès de nous, par le Tiers-Etat du comté Venaissin.*

A cette première et longue bulle, Sixte-Quint en ajouta une autre plus brève, du 5 juin 1586, prouvant encore la sollicitude du noble messager pour tout ce qui intéressait le peuple.

« Consuls de Carpentras, dit-il, vous nous avez fait
« demander dernièrement, par votre concitoyen et ora-
« teur, notre cher fils, *Sébastien de Seguins*, de
« replacer au vingt-sept novembre la fête de saint
« Siffrein, votre patron, que notre prédécesseur, d'heu-
« reuse mémoire, le pape Jules III, avait fixée au trois
« décembre pour certaines raisons ; nous disant que
« malgré cette prescription le peuple avait continué à
« la célébrer selon l'ancien usage. Volontiers, nous
« souscrivons à votre pieux désir en respectant la
« dévotion de ce bon peuple. Désormais donc, saint
« Siffrein sera solennisé le vingt-sept novembre (1). »

(1) Ces bulles se trouvent dans le *Recueil des divers titres sur lesquels sont fondés plusieurs droits et priviléges dont jouit la ville de Carpentras, capitale du comté Venaissin. Carpentras, Quenin,* 1782, par *Charles Cottier.*

XIII

Le peuple, reconnaissant de tant de bienfaits, éleva pour la quatrième fois au consulat son ambassadeur privilégié et lui fit hommage d'un magnifique bassin d'argent. Certainement les communes voisines durent aussi offrir à Sébastien des témoignages de gratitude. Entraigues et Caderousse se distinguèrent en particulier dans cette manifestation louable. Entraigues l'avait vu récemment prendre sa défense avec énergie auprès du vice-légat, encore pour obtenir la participation égale des trois ordres et d'Avignon aux frais de son recouvrement des mains des huguenots. « Messieurs d'Avignon, lisons-nous dans le *Sommaire des Délibérations,* avancèrent n'avoir rien de commun « avec le pays et par ainsi ne vouloir contribuer à « cette dépense qui était de trente mille écus. Mais « Sébastien de Seguins fit des recherches là-dessus, et « il trouva dans les vieux documents du pays qu'Avignon anciennement voulait contribuer deux de cinq « pour le commun bien de ces deux Etats. Puis le « peuple ne pouvant se libérer, son advocat intrépide,

« le mesme noble consul écrivit au Pape pour lui
« demander secours. Le Pape envoya l'argent néces-
« saire (1). »

Ecoutons maintenant les Viguiers et Bayles de
Caderousse affirmant, en conseil public, les qualités et
les vertus civiques de notre héros, choisi par le vice-
recteur du comté Raymond de Meilleuret, pour lui
succéder en ses hautes fonctions.

« Ayant entendu, délibèrent-ils, que noble et
« égrége personne, monsieur maître Raymond de
« Meilhuret, docteur en droit de Carpentras, lieute-
« nant de monseigneur le recteur de présent pays,
« comté de Venisse, aurait prié nos supérieurs et
« obtenu de lui donner pour coadjuteur et successeur
« audit office de lieutenant, monsieur de la Roche de
« Seguins, docteur ès-droit dudit Carpentras, homme
« de très-bonne et honorable qualité et bien méritant
« du service de Sa Sainteté et de toute la patrie, et
« qui depuis les troubles a exercé plusieurs belles et
« grandes charges d'ambassadeur de Notre Saint-Père,
« aux roys, princes et seigneurs de la France, et exer-
« çant l'office et estat de judicature ordinaire et des
« appeaux audit Carpentras au grand profit, bien et
« utilité de tout le pays. Ont dit et déclaré avoir pour
« très-agréable que ledit sieur de la Roche ait esté
« promeu de la dite charge et office estimant qu'il
« l'exercera fort dignement et honorablement comme
« il a faict en les autres auxquelles il a été employé

(1) Ad. ann., 1588.

« en homme bien capable, et d'autant même que
« comme tel, Notre Saint-Père et monseigneur le vice-
« légat l'en ont pourveu en tant qu'en eux touche ont
« approuvé les dites provisions (1). »

Le vice-rectorat était la plus haute fonction conférée par la cour romaine aux personnages éminents du pays ; il donnait le second rang dans le gouvernement à celui qui en était investi. On peut, du reste, apprécier l'importance du rôle réservé aux vice-recteurs, en parcourant le catalogue de ces dignitaires, et notamment dans l'excellent ouvrage de Charles Cottier, intitulé : *Notes historiques sur les recteurs du comté Venaissin*.

La nomination de Sébastien au vice-rectorat fut encore pour lui une cruelle épreuve. Quels maux n'engendre pas la jalousie? Toujours irrités contre le défenseur du peuple, les deux premiers ordres se réjouissaient d'avoir une occasion de l'attaquer en évoquant des traditions ou des priviléges sans valeur. Et comme, en définitive, ils dominaient le Tiers-Etat par leur position et leur fortune, facilement ils lui imposaient dans les assemblées leur opinion sous le prétexte d'une perte réelle d'un droit incontestable. En cette circonstance, ils prétendirent que le vice-recteur devait être nommé directement par le pape et non par les légats ou vice-légats. D'abord aucune loi ne le prouvait ; quand même elle eut existé, le législateur pouvait la modifier à son gré. De plus, les légats n'agis-

____

(1) Registre BB, n° 13 aux archives de la commune de Caderousse.

saient pas sans l'assentiment du Souverain-Pontife.
N'importe, les opposants résolurent de poursuivre la
révocation de Sébastien de Seguins aux noms et aux
dépens du pays, en cour de Rome et où besoin serait.
Malgré cette résolution et ces menées, Sébastien fut
maintenu dans sa coadjutorerie, et sur la renonciation
faite en sa faveur par Pompée Rocchi, devenu recteur,
puis évêque de Cavaillon; il fut nommé vice-recteur
titulaire en 1590. Ainsi le rapportent Pithon Curt et
Charles Cottier. Cette charge de vice-recteur se con-
férait ordinairement pour trois ans. Le seigneur de la
Roche en fut pourvu par la bulle du Pape en 1590;
en 1596, par le cardinal-légat Aquaviva, et enfin par
le vice-légat, monseigneur Bordini, en 1599. Ces dernières nominations suscitaient encore des protestations
sans effet de la part des Etats de la province, comme
l'indique le *Sommaire des conclusions,* déjà cité. Les
qualités qu'il déploya pendant l'exercice du vice-rectorat le réconcilièrent sans doute avec les Etats, puis-
qu'à l'expiration de son mandat ils se hâtèrent de le
nommer tous les trois leur procureur général, et aux
autres assemblées (25 mai, 2 juin 1574), en rempla-
cement d'Esprit Alleman, seigneur de Châteauneuf
Redortier.

La conduite postérieure des Etats cependant, confirme leur susceptibilité rancunière envers notre digne
chevalier. En 1622, l'assemblée remercie le vice-légat
d'avoir conféré le vice-rectorat à vie par une exception,
sans autres exemples, à Thomas de Cohorn. Elle agit
de même en 1685 pour le vice-recteur de Chaulardy.

XIV

Ces pénibles contrariétés tout en affectant doulou-
reusement le cœur généreux de Sébastien, ne le firent
pas dévier d'une ligne de sa justice et de sa droiture.
Il y répondit par un surcroît de dévouement et de
charité. La peste de 1587, qui décima la population
de Carpentras, dut lui fournir l'occasion de les exercer ;
mais les annalistes de l'époque, troublés par le fléau
destructeur, ne nous ont rien transmis à cet égard.

Le voilà de nouveau sur la route de Rome, envoyé
par le Tiers-Etat, pour complimenter Urbain VII,
élevé sur la chaire de Saint-Pierre, après la mort de
Sixte-Quint (1).

Ce saint pontife descendit dans la tombe treize jours
après son élection. Sébastien était encore dans la
capitale du monde en 1591. Ce fait est établi par une

(1) Sixte-Quint mourut, le 24 août 1590, Urbain VII, son successeur, cessa de vivre, le 27 septembre, et Grégoire XIV, élu en cette
même année, ne vécut que jusqu'au 15 octobre 1591.

transaction qu'il passa avec son frère François, seigneur des Beaumettes, dans un bref du 15 avril 1592.
Clément VIII fait ainsi son éloge : « Le chevalier
« Sébastien de Seguins, docteur en droit de Carpen-
« tras, comme nous l'avons appris, s'est bien acquitté
« de diverses missions auprès de Pie V, Grégoire XIII,
« de Sixte V, et aussi auprès des rois de France, d'au-
« tres princes et gouverneurs des provinces (1). »

Alors en récompense de ses labeurs si multipliés,
le Pape l'appelant magnifique seigneur, lui octroya le
privilége insigne de créer des notaires. Ce privilége, il
l'exerça au moins deux fois, comme on le trouve aux
actes d'Alexandre Curti, aujourd'hui dans l'étude de
M. Gaudibert, à Carpentras, en nommant, le 14 septembre 1572, le sieur Somille de Monteux, et le
21 du même mois, le sieur Veye d'Aubignan.

Sébastien de Seguins avait instruit Clément VIII,
au nom des Etats, des graves accusations portées contre
le vice-légat Pétrucci, l'auditeur Valère Arcangelo et
Jérôme Morini général des troupes de la légation (2).
L'histoire a révélé les griefs dont on les accusait. Après
des informations prises par le commissaire apostolique

____

(1) Archives de la cour suprême de la Rectorerie, manuel second,
après le feuillet 279, commencé en 1575. — Dans un titre du dix-
septième siècle, il est rappelé que Sébastien de Seguins avait
accompli sept ambassades, et toujours pour les intérêts du peuple.

(2) Pithon Curt dit que ce fut Jean-François Sadolet qui fut
député par les États, à Grégoire XIV, pour le fait de Pétrucci et
consorts. Voyez Pithon Curt, tom. 4, p. 629, article Sadolet au sup-
plément. Il est probable que Sébastien de Seguins avait quitté
Rome avant la députation de Jean-François Sadolet, seigneur de
Blauvac, joint aux sieurs de Velleron et d'Andrée, en 1592.

Gimnasi, le vice-légat et le général furent déposés et l'auditeur condamné aux galères, le 13 octobre 1592.

Gimnasi, nommé recteur, fut accueilli avec enthousiasme par les habitants du comté Venaissin, et en particulier, par ceux de Carpentras qui avaient su apprécier son intègre vertu lors de son séjour au milieu d'eux, pour l'instruction difficile de ce dernier procès. Notre vice-recteur fut charmé d'unir son action à celle d'un homme aussi recommandable par ses mérites et ses talents diplomatiques. Mais lorsqu'il le connut plus intimement, à cause de leurs relations quotidiennes, à la satisfaction première, se joignit une admiration enthousiaste et affectueuse. Quand deux grandes âmes se rencontrent animées par les mêmes instincts et les mêmes tendances, elles se fusionnent avec bonheur.

Gimnasi et Sébastien nourrissaient une égale propension pour le développement des libertés municipales et populaires. Mais à peine jouirent-ils un an de leur entente cordiale ; un trépas soudain, attribué au poison, enleva l'habile administrateur dont le peuple ne cessait pas de bénir le nom. Il fut enseveli à Saint-Siffrein près de la grande porte où l'on voit encore son tombeau, autrefois surmonté de son buste, que la Révolution a fait disparaître parmi tant de ruines accumulées sur son passage, principalement dans les temples du Seigneur.

Peu après, du 25 mai au 2 juin 1594, les Etats généraux du comté Venaissin tinrent leur session au palais rectoral de Carpentras, sous la présidence du

cardinal-légat Aquaviva. D'un commun accord, les trois ordres confièrent leurs intérêts *à notre grand légiste, sachant pertinemment que le seigneur de la Roche étant fort capable, très-savant et très-désintéressé méritait le titre de procureur-général.* Les débats, auxquels Sébastien de Seguins prit une part très-active, roulèrent sur une multitude d'affaires importantes. Mais sa verve éloquente déploya ses brillantes ressources sur un sujet éminemment pratique, le luxe. Il déroula la chaîne lamentable des malheurs sociaux et domestiques, engendrés par cette fureur toujours croissante de se parer pompeusement et d'afficher dans les ameublements une ostentation désordonnée. De là de folles dépenses, des pertes d'argent considérables, une scandaleuse injure à l'infortune et à la misère. « Ar-
« rêtons cette ruine incessante du capital et de l'hon-
« neur, s'écria-t-il. Oui, Messieurs, nous le pouvons
« et nous le devons. Notre exemple concourra puis·
« samment à remédier à ce mal, qui finirait par en-
« vahir la société tout entière et à la précipiter dans
« un abîme de désolations inénarrables. »

C'était la thèse du paupérisme permanent, si clairement et si courageusement développée par le célèbre économiste moderne, Frédéric Bastiat.

L'assemblée se leva électrisée, applaudissant avec enthousiasme son procureur-général. Celui-ci se tournant vers les membres du Tiers-État, les conjura, par l'affection dont il leur avait prodigué tant de marques irrécusables, de ne pas se livrer à cet entraînement ruineux. Vivons et mourons, s'écria-t-il, dans notre simplicité (I Macch. ii, 37).

Pendant son dernier séjour à Rome, Sébastien, qui savait admirablement allier les devoirs religieux avec les obligations civiles, ou plutôt bon citoyen parce qu'il était excellent catholique, avait suivi les réunions de l'archiconfrérie du Saint-Crucifix, semblable à celle de Carpentras dont il faisait partie (1). Là il avait appris l'étonnante prérogative de cette illustre société qui pouvait, une fois l'an, délivrer un condamné à mort. Vive fut sa joie de savoir que l'agrégation octroyait le bénéfice à toute pieuse compagnie des États pontificaux. Le vrai confrère de la Miséricorde transmit à ses collègues son désir de l'affiliation. Tous furent ravis de s'y associer, et après les formalités requises la grâce fut accordée. On l'exerça pour la première fois, le 2 avril 1597, en faveur d'un malheureux incendiaire, nommé Jean Rey, qui devait payer de sa vie le forfait dont il s'était rendu coupable.

Par une bulle du 13 octobre 1607, Paul V étendit encore le bienfait de la délivrance, donné déjà par Clément VIII. Il voulut qu'il fût accordé non pas seulement aux criminels de Carpentras, mais à ceux du comté Venaissin. Et de plus, au lieu de le limiter au

______

(1) Chose curieuse à constater : l'église des pénitents noirs de Carpentras fut bâtie en 1684 sur un terrain occupé par des cours, jardins et dépendances de la maison Sébastien de Seguins (aujourd'hui maison Durbesson), à la place de Galéri. Sur la même place se trouve la maison où naquit l'illustre Mgr d'Inguimbert (maison Eydoux) et celle (maison Giraud) où Mgr de la Motte d'Orléans, évêque d'Amiens, vit le jour.

vendredi saint, il l'appliqua encore à la Noël, à la Pentecôte et à la Toussaint, mais toujours une seule fois dans le courant de l'année (1).

Admirable institution basée sur l'inépuisable charité de l'Église toujours prête au pardon, à l'exemple de son généreux fondateur !

(1) Ces deux bulles sont conservées dans la bibliothèque de la famille de Seguins. Cathelin de Montbuisson, gentilhomme de Carpentras, s'était rendu, en 1593, à Rome pour obtenir l'agrégation des pénitents noirs de sa ville natale avec l'archiconfrérie du Saint-Crucifix, fondée dans l'église de Saint-Marcel. Cette faveur lui fut accordée le 14 mai de cette même année, sous le pontificat de Clément VIII.

XV

A la mort de sa seconde femme, emportée subite-
ment, à trente ans, par une attaque d'apoplexie fou-
droyante, le 23 avril 1600, Sébastien se voyant sans
postérité fut un moment saisi par une mélancolie profonde. Il atteignait alors sa soixante-quatrième année
d'existence. A cet âge de déclin où les infirmités com-
mencent, pénible est à l'homme l'isolement complet.
Difficilement il refait ses habitudes invétérées et plus
difficilement encore il se repose par la pensée sur un
avenir meilleur. Comme dit Bossuet : la vie est finie,
malgré les belles promesses du temps, cet imposteur
audacieux auquel on ne croit plus.

Mais, comme l'a si bien observé l'éloquent Lacor-
daire : « Rien n'est plus difficile, même aux hommes
« supérieurs, que de supporter le repos. Quand l'âme
« et le corps sont habitués au travail solennel des
« grands événements, ils ne peuvent plus souffrir la
« simple et pacifique succession des jours. Cette paix
« froide leur est un tombeau. Ils regrettent le bruit,

« l'agitation, les alternatives des revers avec les succès,
« toute cette tragédie des choses humaines où ils
« avaient naguère leur part et leur action (1). »

Cependant l'énergique tempérament de notre labo-
rieux gentilhomme secoua la torpeur dans laquelle il
avait été plongé. Dieu le veut ainsi, s'écria-t-il, que
son saint nom soit béni !

Et le voilà de nouveau expédiant les affaires publiques avec une égale complaisance. « Dépenser ses
« forces à mon âge pour le peuple, disait-il, m'est un
« doux bonheur. Heureux serai-je de mourir les armes
« à la main, comme un athlète qui tombe dans l'arène
« sous les coups d'un adversaire, en proclamant
« l'émancipation de sa race. »

Ce fut alors qu'il concourut pour la plus grande
part aux *Ordonnances, statuts et réglements concer-
nant l'administration de la justice, abréviation des
procès, taux et modération de dépens, vacations et
écritures tant judiciaires qu'extra-judiciaires,* pu-
bliées par le recteur Capponi en 1600 (2).

Depuis quelques mois, Sébastien de Seguins avait
abandonné le vice-rectorat. N'allez pas croire qu'il se
retira dans la dignité d'un repos noblement acheté par
un demi-siècle de labeur. Non, non !

« Tant qu'une goutte de sang coulera dans mes

______

(1) Oraison funèbre du général Drouot, p. 354, 355.

(2) Ce Recueil fut publié dans les premiers jours de l'année, plusieurs mois avant le second veuvage de Sébastien. Celui-ci, en sa qualité de vice-recteur, avait inévitablement mis la main à la publication
des ordonnances, etc.

« veines, répétait-il souvent, j'agirai. Ne craignez pas
« de m'importuner, disait-il aux nombreux clients qui
« recouraient à ses lumières sur l'interprétation des lois
« et des coutumes. »

Sa probité, sa franchise, son savoir lui attiraient
une multitude de demandes auxquelles il répondait
avec une scrupuleuse exactitude. Observez bien qu'à
cette époque le service postal n'était pas organisé. Les
lettres étaient confiées à des messagers qui en portaient
la réponse. Il fallait donc être doué d'une grande acti-
vité pour suffire à une correspondance un peu compli-
quée, surtout lorsque des affaires sérieuses absorbaient
l'esprit et consumaient les heures.

XVI

Après un succès quelconque obtenu par ruse ou par adresse, qui n'a pas proféré ce dicton proverbial : voilà un coup de Jarnac. Plusieurs en connaissent l'origine, mais ne savent pas que Sébastien de Seguins fut mêlé aux conséquences de ce fait historique.

A la suite du célèbre combat en champ clos, qui eut lieu en présence du roi et de la cour, le 10 juillet 1547, dans lequel Gui Chabot, baron de Jarnac, tua son adversaire François de Vivonne, seigneur de la Châtaigneraie, en le frappant inopinément au jarret, la reine Catherine de Médicis conçut pour le vainqueur et ses amis une profonde réprobation. Hélie de Boniface, seigneur de Fenestrelle, ayant servi de témoin, fut obligé de fuir et vint cacher sa disgrâce à Avignon, sa ville natale. Or, en 1611, à l'occasion de leur établissement en Normandie, ses enfants requirent une enquête pour constater leur rang et leur titres nobiliaires. Dix gentilhommes d'Avignon et du comté Venaissin, parmi lesquels figurait Sébastien de Seguins, furent délégués officiellement aux informations qui eurent un heureux résultat. La procédure eut lieu par-devant Laurent de Bérard Labeau, avocat général de la légation d'Avignon, et se poursuivit du 15 janvier au 15 juin 1611.

XVII

Parvenu à l'âge de soixante-quinze ans, notre infatigable avocat de la justice et de la vérité se demande si, après avoir mis ses forces intellectuelles et physiques au service de toutes les bonnes causes, il ne lui convenait pas de les fixer désormais uniquement sur ses propres affaires. Tout homme intelligent ne raisonne-t-il pas ainsi?

« Me voilà, se dit-il à lui-même, courbé sous le poids des années. Chaque jour en augmente le poids et me pousse vers le terme où j'avance rapidement. Comme le voyageur qui a terminé sa course sur une terre étrangère met tout en ordre pour retourner dans la patrie, je dois aussi régler exactement mes dispositions dernières. D'autant, qu'une fois la frontière de ce monde franchie, on n'y repasse plus. Le bien et le mal dont nous nous sommes rendus les agents sont nos compagnons obstinés et, suivant leur importance, décident de notre sort éternel heureux ou désolant. »

Ces sages réflexions extraites, quant au sens, des

écrits de Sébastien de Seguins, dépeignent admirablement la situation de son esprit. Le philosophe chrétien
se révèle ici dans la puissance de ses facultés concen-
trées sur la pensée grave d'une inévitable dissolution
suivie de châtiment ou de la récompense.

« Comment avez-vous pu vous condamner à cette
inaction étrange, lui demandait un jour un de ses
neveux ? » — « Mon ami, lui répondit vivement le spi-
rituel vieillard, détrompez-vous ; je n'ai jamais tant
travaillé de ma vie, puisque je construis le couronne-
ment de l'édifice. *Il me faut monter bien haut, bien
haut, et je ne sais si j'y parviendrai. J'ai accumulé
pierres sur pierres pour le compte d'autrui et très
peu pour moi. Jugez de mes efforts actuels. Maintenant il m'importe beaucoup de recueillir à mon
seul avantage.* » (Mns. passim.)

XVIII

Voici quel fut le résultat de ce labeur final. Ecoutez
les solennelles résolutions d'une âme en face de l'Eter-
nité :

« Au nom du Seigneur. Ainsi soit-il.

« Sachent tous que l'an 1614 et le 12 octobre, la
« septième année du pontificat de notre Très-Saint-
« Père le Pape Paul V, en présence de moi notaire et
« des témoins soussignés, comparaissant magnifique
« et respectable seigneur Sébastien de Seguins, doc-
« teur en droit, seigneur de la Roque-sur-Pernes,
« chevalier de l'Eperon d'or, comte palatin, lequel
« désirant prévenir le jour de son pèlerinage sur la
« terre par des œuvres méritoires, autant que le peut
« la fragilité humaine, et en l'honneur et pour la
« gloire du Dieu Tout-Puissant et de la Très-Sainte
« Vierge, sa mère, par tous les meilleurs moyens qu'il
« a su gratuitement et de son plein gré, pour lui-
« même et ses héritiers, a fondé et fonde à perpé-
« tuité, dans la cathédrale de Carpentras et en la

« chapelle de Sainte-Anne et de Saint-Sébastien mar-
« tyr, dont le recteur qui aura été établi sera tenu,
« tous les jours ouvriers, de célébrer ou de faire célé-
« brer, en cas d'empêchement, une messe pour les
« défunts suivie de l'absoute ordinaire.

« En outre, à perpétuité, ledit recteur fera chanter
« une grand'-messe, avec diacre et sous-diacre, pour
« la fête de Saint-Sébastien, avec le luminaire néces-
« saire et l'assistance de tout le chœur.

« Ce jour-là, après l'office divin, on distribuera
« cent cinquante pains à cinquante pauvres qui auront
« ainsi chacun trois pains et un sou tournois.

« Et pour la dotation de cette chapellenie perpé-
« tuelle, ledit seigneur fondateur a cédé et livré, par
« une donation absolue et irrévocable, un tènement
« rural de vingt-cinq salmées et une terre de vingt
« éminées, ci-après désignés, avec tous leurs droits et
« revenus (1). »

Le fondateur exprime aussi le projet d'embellir et
d'orner de vitraux cette même chapelle de Sainte-Anne
en laquelle il élit sépulture dans un angle qu'il dé-
signe, où reposent son père et sa mère (2).

(1) Cet acte, écrit en latin, reçu par Colin Tache, notaire d'Avignon, est fort étendu. Tout y est réglé pour l'exercice du juspa-
tronat, les émoluments du recteur dont la nomination est réservée à
lui et à ses héritiers pour la décoration de la chapelle et ses répara-
tions.

Le domaine affecté à cette fondation est situé à proximité de
Carpentras, sur le chemin de Pernes.

Le bâtiment de ferme appelé encore aujourd'hui la Gipeirotte en
fait partie.

(2) A cet angle même fut posée la première pierre de la belle

XIX

Mais là où l'homme se révèle tout entier, là où les sentiments intimes s'épanchent avec abandon comme en un suprême témoignage, c'est dans son testament. Cet acte qui lui survit devient le mémorial perpétuel de son intelligence et de son cœur. Le vice comme la vertu y gravent irrévocablement leur empreinte ineffaçable; c'est comme le tableau en raccourci d'une existence respectable ou digne de mépris. Tous les linéaments n'y sont pas perceptibles; mais le ton général des couleurs qui y dominent suffit pour en fixer la valeur positive.

J'ai connu un ancien conseiller d'Etat, orphelin à deux ans, qui attribuait ses qualités personnelles, et

église de Saint-Siffrein par Artaud, archevêque d'Arles, ainsi que le témoigne l'inscription suivante, gravée en dehors sur le mur.

ANNO. A. NATIVIT. DNI. M.CCCCIV QNTO. DIE ET FESTI CATHEDRE STI PETRI APLI FVIT POIT PIM. LAPIS HVIV ECCE NOVE. ALMI CONFESSORIS STI SYFFREDI EPI ET PATRONI PNLIS CIVITATIS CARPENT. PER REVEREN-DISS. IN X^{to} PREM DNVM ARTAVDV ARCHIEPISCOPVM ARELATEM. NOMIE STISSIMI IN X^{to} PRIS ET DNI NRI DNI BENEDICTI DIVINA PVRIDENCIA PPE XII, PONTIFICATVS SVI ANNO. XI. MAGR ET ORDINATOR HVI EDIFICII FVIT MAGR COLIN THOMACII DE DINANT EN BRETANHA.

(Voir mon *Histoire de la sainte Église d'Arles*, t. III, p. 274).

elles étaient très-remarquables, à la méditation du testament de son père et de sa mère. La mort implacable, racontait-il, me priva bien jeune de ceux dont je devais continuer les traditions honorables, en imitant leurs exemples et en suivant leurs leçons. Cependant je puis me flatter de n'avoir pas démérité d'eux. Sans doute, en me donnant leur tendre baiser d'adieu, ils m'insufflèrent l'amour de l'honneur et de la probité qui les distinguaient ; mais ce qui maintint et rendit fécond en moi ce dernier souffle de deux vies expirantes, ce fut l'expression de leurs volontés, leur testament. Chaque jour de ma longue carrière, depuis l'âge de dix ans, je l'ai lu avec un charme et un profit toujours croissants. Je croyais entendre la voix pénétrante de mes bons parents, m'exhortant, me consolant, me soutenant tour-à-tour.

Est-ce qu'en lisant le testament sublime de l'infortuné Louis XVI, tout Français attendri n'apprécie pas la grandeur, la loyauté, le dévouement et la fermeté de cette victime innocente !

Sébastien de Seguins institua pour son héritier universel son neveu et son filleul Gabriel-Marie de Seguins, seigneur de Vassieux, justement loué dans toutes les annales du comté Venaissin. Grandi à l'école de son oncle, il sut relever l'ancien prestige de l'université d'Avignon dont il fut deux fois le chef, et le roi

---

(1) Gabriel-Marie de Seguins fut le premier de sa famille qui prit le nom de Vassieux, à cause d'une terre ainsi appelée qu'il avait acquise de son beau-frère, Scipion de Planchette, le 14 décembre 1589.

de France l'avait nommé gentilhomme titulaire de sa chambre et chevalier de Saint-Michel. A tous égards il méritait d'être préféré aux autres membres de la famille; mais deux raisons avaient déterminé ce choix : Gabriel aimait le peuple et il était magistrat. Cette seconde condition avait une telle prépondérance dans l'esprit du testateur, qu'en cas d'extinction de sa lignée directe, il lui substitua ses collatéraux qui appartiendraient à la magistrature, appliquant ainsi rigoureusement la maxime romaine : *Cedant arma togæ.* Pourquoi cette réserve? Parce qu'il enjoint au possesseur de sa fortune, qui doit toujours être docteur en droit, de rester à Carpentras, dans sa maison, *pour y assister tous les habitants de cette ville et du comté Venaissin, les ayder de ses conseils, sages advis, généreux et fidèles services que* TOUT VRAI BON CITOYEN EST TENEU A L'ENDROIT DE SA PATRIE. (*Testament.*)

C'était là certes une injonction digne de ce fidèle ami du peuple. Heureux le peuple qui possède un tel ami! Comment appeler cet attachement invincible qui défie les injures du temps et se dresse avec tant de majesté contre les vicissitudes des siècles !

Bien plus, Sébastien veut que sa fortune devienne, pour ainsi parler, le patrimoine de tous. Son héritier en sera simplement l'administrateur et l'économe. « Je « désire, ajoute-t-il, que ma maison d'habitation soit « constamment ouverte et hospitalière à toute personne « d'honneur comme j'ai toujours fait, je pense, fort « honorablement. Pour ces causes prohibant et défen- « dant très-expressément l'aliénation de ladite maison

« et de ses dépendances, parce qu'alors mon inten-
« tion ne pourrait plus être suivie et de point en point
« gardée. » (*Testament.*)

Admirez ensuite sa prévoyance consommée provo-
quée par la crainte de la non exécution de ses désirs
formels. Si son héritier venait à mourir prématuré-
ment, laissant ses enfants en bas âge, il lui ordonne
de nommer un membre de sa famille « idoine et capa-
« ble pour habiter et résider dans ladite maison, faire
« et exercer ladite hospitalité en l'endroict des sus-
« dicts », jusqu'à ce que l'un des enfants puisse lui-
même remplir parfaitement ce mandat charitable. Le
mandat s'exécutera en tout et pour tout aux dépens de
son héritage, à cette fin perpétuellement inaliénable.

XX

Le 20 septembre 1612, après s'être réconforté par la
grâce des derniers sacrements, notre vertueux philan-
thrope chrétien s'endormit tranquillement du sommeil
des justes, portant ses œuvres méritoires au pied du
trône de Dieu, là où la distinction des races s'arrête et
où la noblesse des âmes est irrévocablement fixée pour
l'éternité. La plus noble, c'est la plus pure. Quand le
Christ choisit une mère mortelle, il ne la prit pas dans
un palais, mais sous l'humble toit d'un artisan ; et
lui-même voulut naître dans une vile étable.

Le grand Condé, recevant saint Vincent de Paul,
l'accueillit avec une exquise politesse et l'invita à s'as-
scoir. Ignorez-vous, Monseigneur, dit le modeste mi-
nistre de l'Evangile, que je suis le fils d'un pauvre
paysan? Je n'ai point de droit à tant d'honneur. Le
vainqueur de Rocroy, s'inclinant avec une respectueuse
révérence, insista vivement en s'écriant : *Moribus et
vita nobilitatur homo,* par les mœurs et la vie
l'homme s'ennoblit.

APPENDICE

On lit dans la *Bibliothèque raisonnée des ouvrages des savants de l'Europe* pour les mois de janvier, février et mars, 1727, tom. 2, Ire partie, p. 226. Amsterdam, Westeim et Smith, libraires : Voici un projet qui vient d'un savant homme de France et qu'on nous prie de publier dans notre *Bibliothèque. Sebastiani Seguini, domini de Roca, equitis aurati, epistolæ et orationes e manu scriptis evectæ.* L'ouvrage que l'on annonce au public méritait assurément de ne pas rester si longtemps enseveli dans la poussière. On en pourra juger sur le prospectus que je vais en présenter et que j'ai cru nécessaire, pour pressentir le goût du public avant que de hasarder les frais d'une impression, de peur de grossir inconsidérément le nombre de livres morts-nés qui va toujours croissant, grâce à l'idée avantageuse, pour ne rien dire de plus, qu'ont d'eux-mêmes nos beaux esprits. Pour donner une idée juste du présent ouvrage et mettre les savants en état de juger, il suffit, je pense, de marquer : 1° le nombre, l'étendue des lettres en question, les sujets sur quoi elles roulent la plupart ; 2° de faire de même par rapport aux discours ; 3° de donner quelque morceau d'une des pièces de mon auteur sur lequel on puisse juger au moins de la pureté et de l'élégance de sa diction, car on sait bien que ce n'est pas sur quelques vingt lignes qu'on peut porter un jugement sur un ouvrage, quant au fond des matières; 4° de présenter les vues que j'ai pour les notes dont il me paraît convenable d'accompagner cette édition.

Suit un résumé très-succint de la vie de Sébastien de Seguins. Puis une appréciation sur ses lettres très-nombreuses, dont plusieurs, adressées aux Souverains-Pontifes, à des cardinaux, au général des jésuites, etc., et sur ses discours aux papes Grégoire XIII et Urbain VII et à d'autres prélats. En tout huit. Il n'est pas question des discours adressés à Sixte V. Ensuite vient un extrait assez étendu d'une lettre écrite à Paul-Emile Sadolet. Enfin, l'auteur du projet déclare que ses notes seront historiques et littéraires, toujours sérieuses et non puériles et frivoles. Il conclut ainsi : L'on se déterminera sur l'empressement que marqueront les savants de voir les lettres et les discours que l'on vient d'annoncer, à les faire paraître au jour ; le texte et les notes fourniront à un volume in-8° d'une juste épaisseur.

On ignore pourquoi cette publication n'eut pas lieu. Perte lamentable ! à part les écrits dont j'ai parlé dans le courant de cet opuscule, les lettres et les discours annoncés n'ont pas été retrouvés.

OUVRAGES DU MÊME AUTEUR

Histoire de la sainte Eglise d'Arles, 4 vol in-8°.

Histoire de saint Césaire, archevêque d'Arles, 1 vol. in-8°, 7ᵉ édit.

Histoire des Religieuses Augustines d'Arles, 1 vol. in-18.

Les Frères des Ecoles Chrétiennes dans Arles, 1 vol in-18.

L'Anachorète du Mont-Majour, scènes historiques du quatorzième siècle, 1 vol. in-18, 5ᵉ édition.

La Charité au dix-neuvième siècle, 1 vol. in-18.

Mémoires de Bertrand Boisset, épisodes arlésiens du quatorzième siècle, 1 vol. in-18.

Les Religieuses Carmélites d'Arles, 1 vol. in-16.

Itinéraire du Visiteur des principaux monuments d'Arles, 1 vol. in-12, 13ᵉ édition.

Neuvaine en l'honneur de saint Dominique, 1 vol. in-16, 3ᵉ édit.

Neuvaine en l'honneur de sainte Catherine de Sienne, 1 vol. in-16, 3ᵉ édition.

L'Orme de la Croix d'Arles, récit historique du douzième siècle, 1 vol. in-8°, 6ᵉ édition.

Les Saints et Bienheureux de l'Ordre de saint Dominique, 1 vol. in-12 de 750 pages.

Histoire du culte de la très-sainte Vierge à Arles et dans l'arrondissement, 1 vol. in-8°, 4ᵉ édition.

Les Vœux des princes polonais Podoski à Notre-Dame-des-Grâces d'Arles, 1 vol. in-8°, 5ᵉ édition.

Vie de M. Jean-Joseph Vève, curé de Pernes (Vaucluse), 1 vol. in-12.

Vie de la B. Lucie de Narni, dominicaine, 1 vol. in-12, 4ᵉ édition.

Histoire du Tombeau de saint Gilles, 1 vol. in-8°.

Biographie des quatre frères Seguin, prêtres de Paris, 1 vol. in-8°, 2ᵉ édition.

La Dominicaine, 1 vol. in-12, 3ᵉ édition.

Tout par la Croix et pour la Croix, 1 vol. in-8°

Toulouse, imprimerie Rives & Privat, rue Tripière, 9.